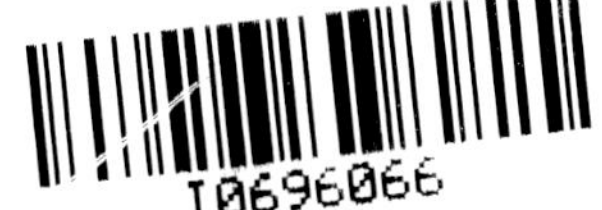

LOONEY TUNES

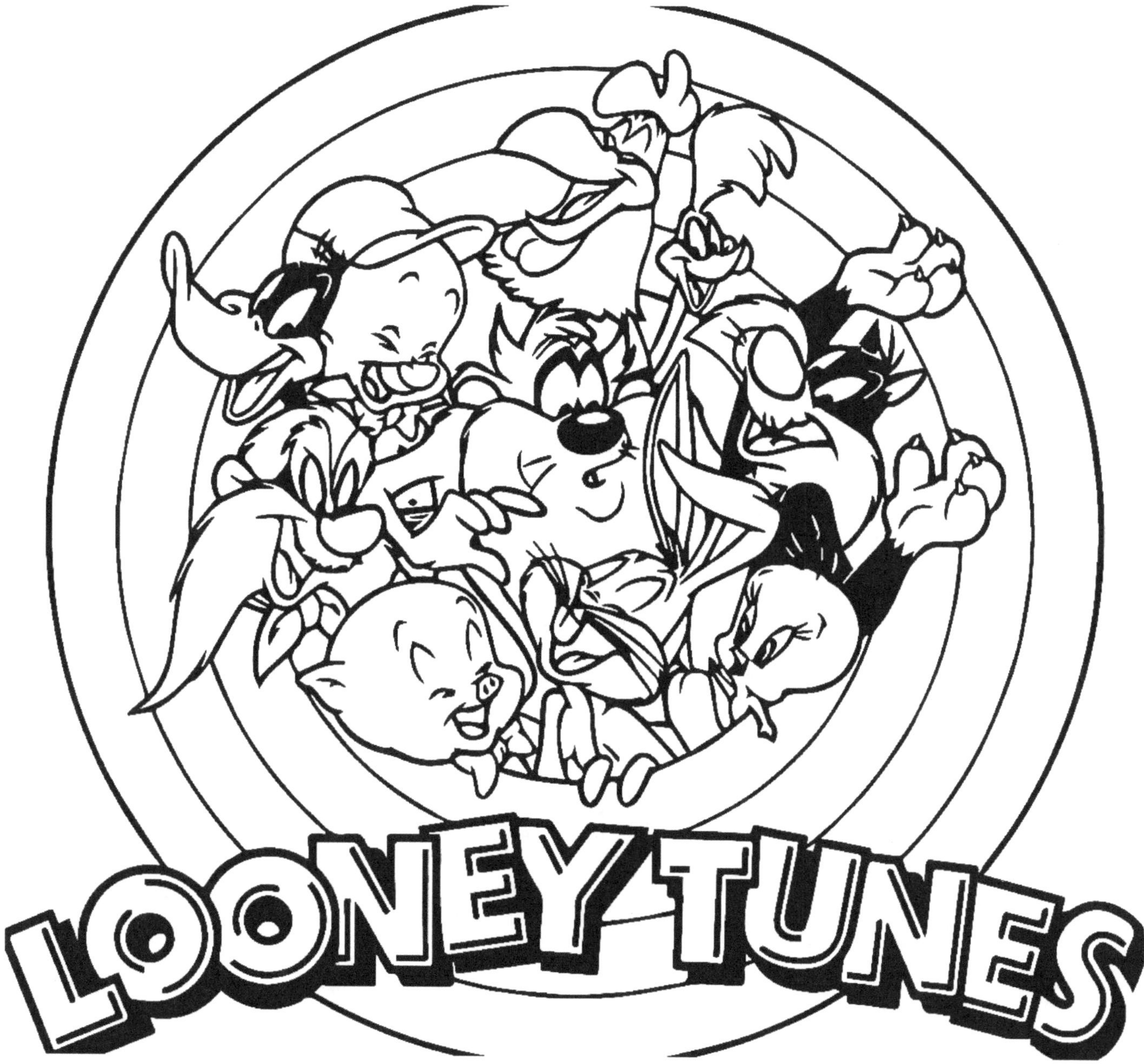

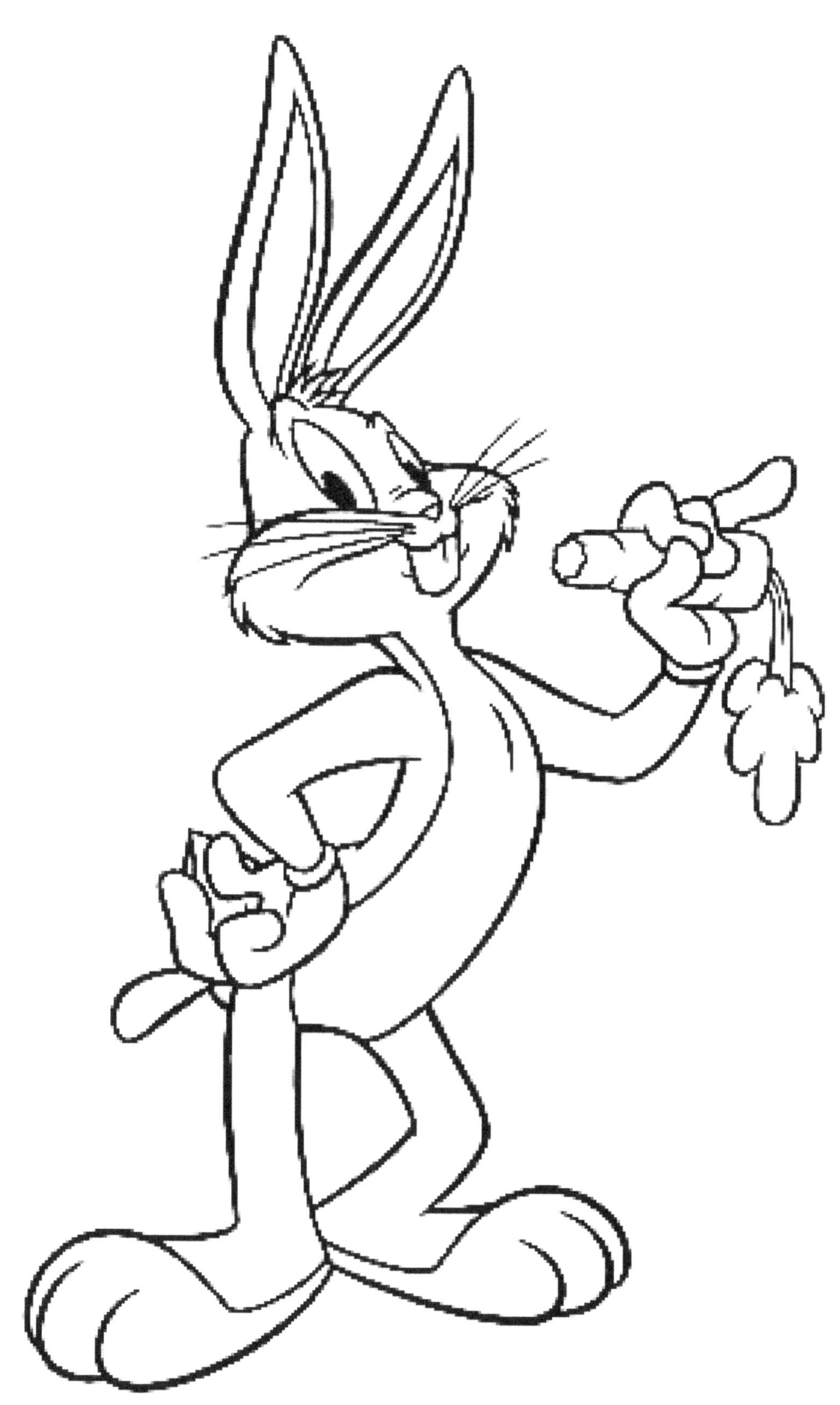

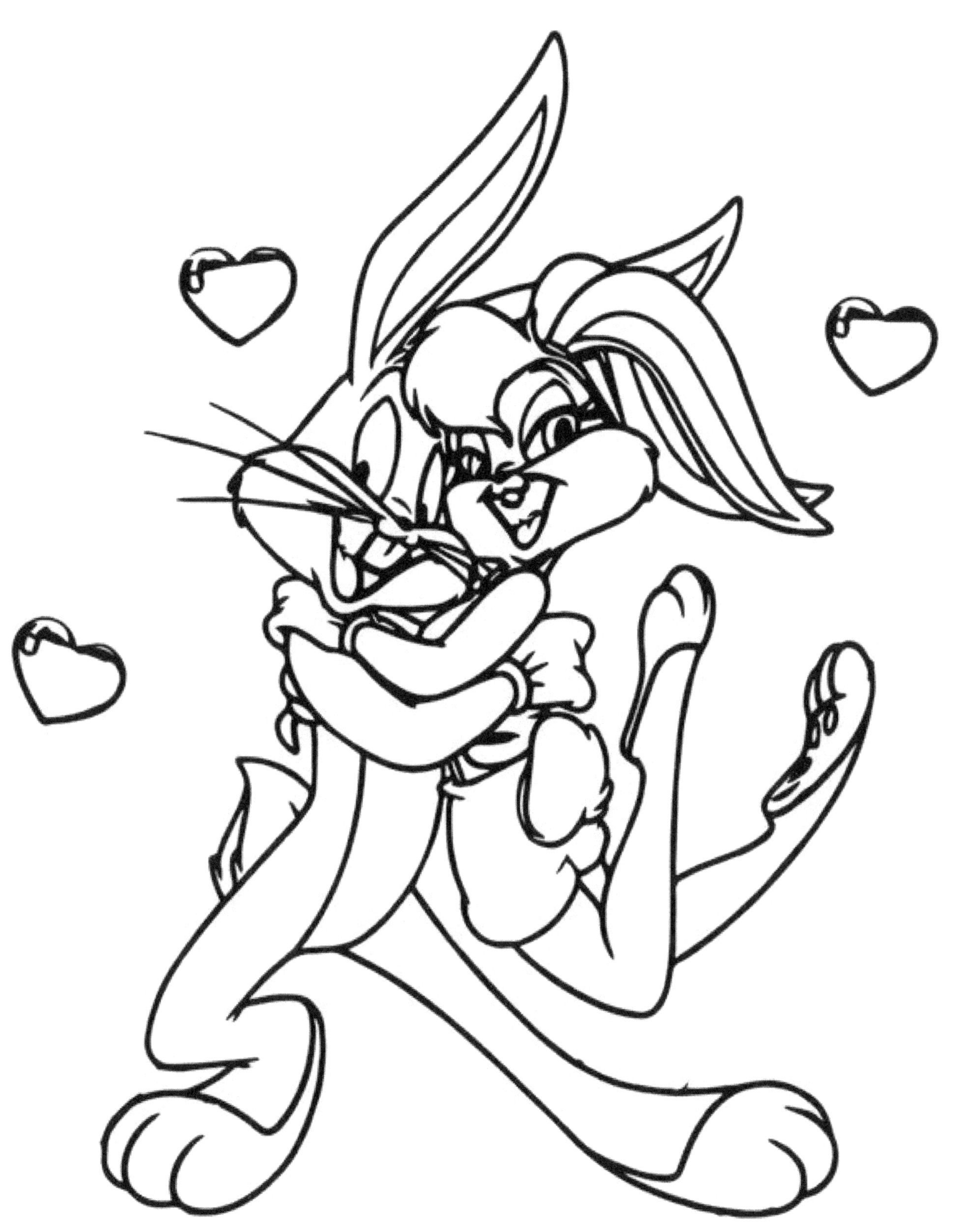

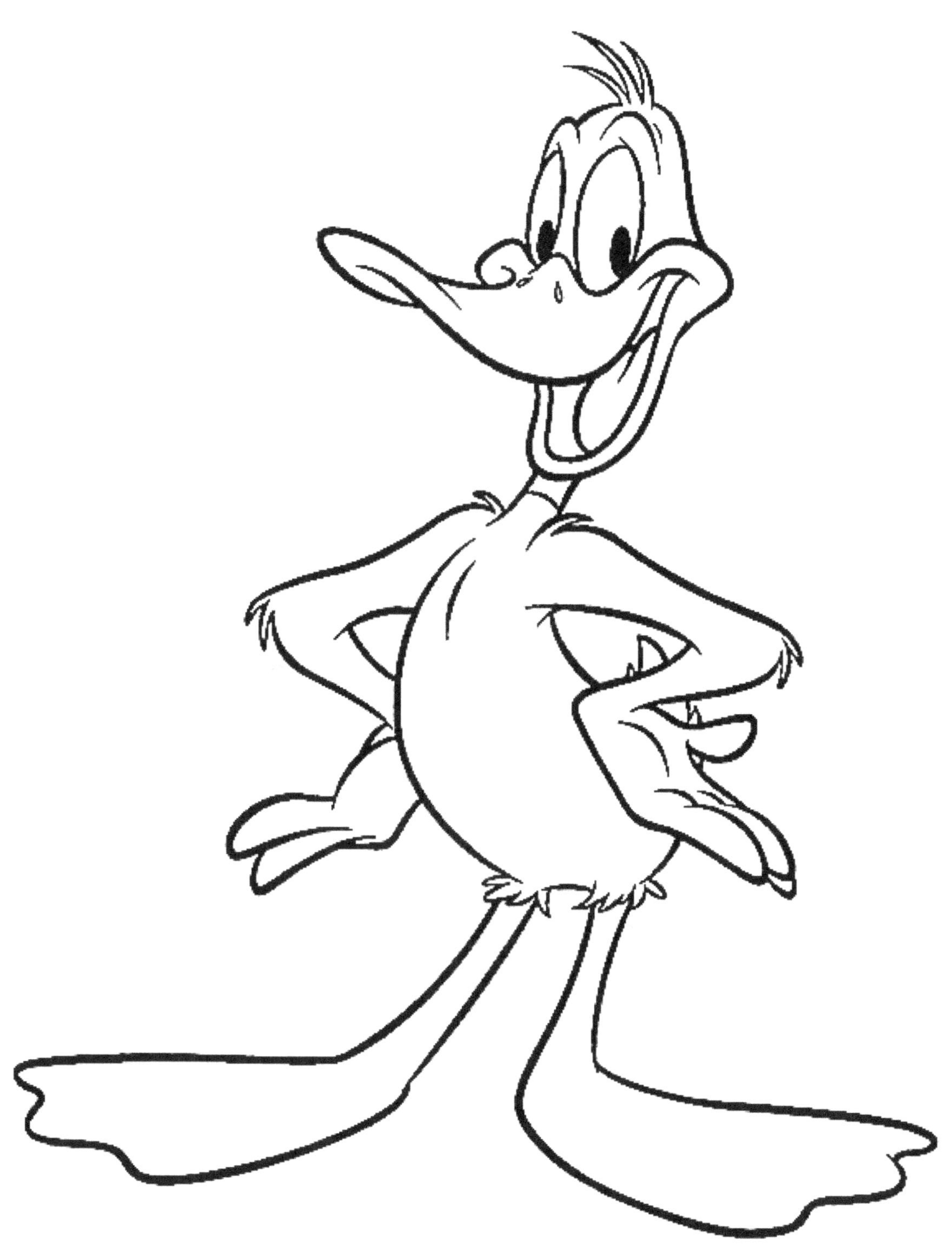

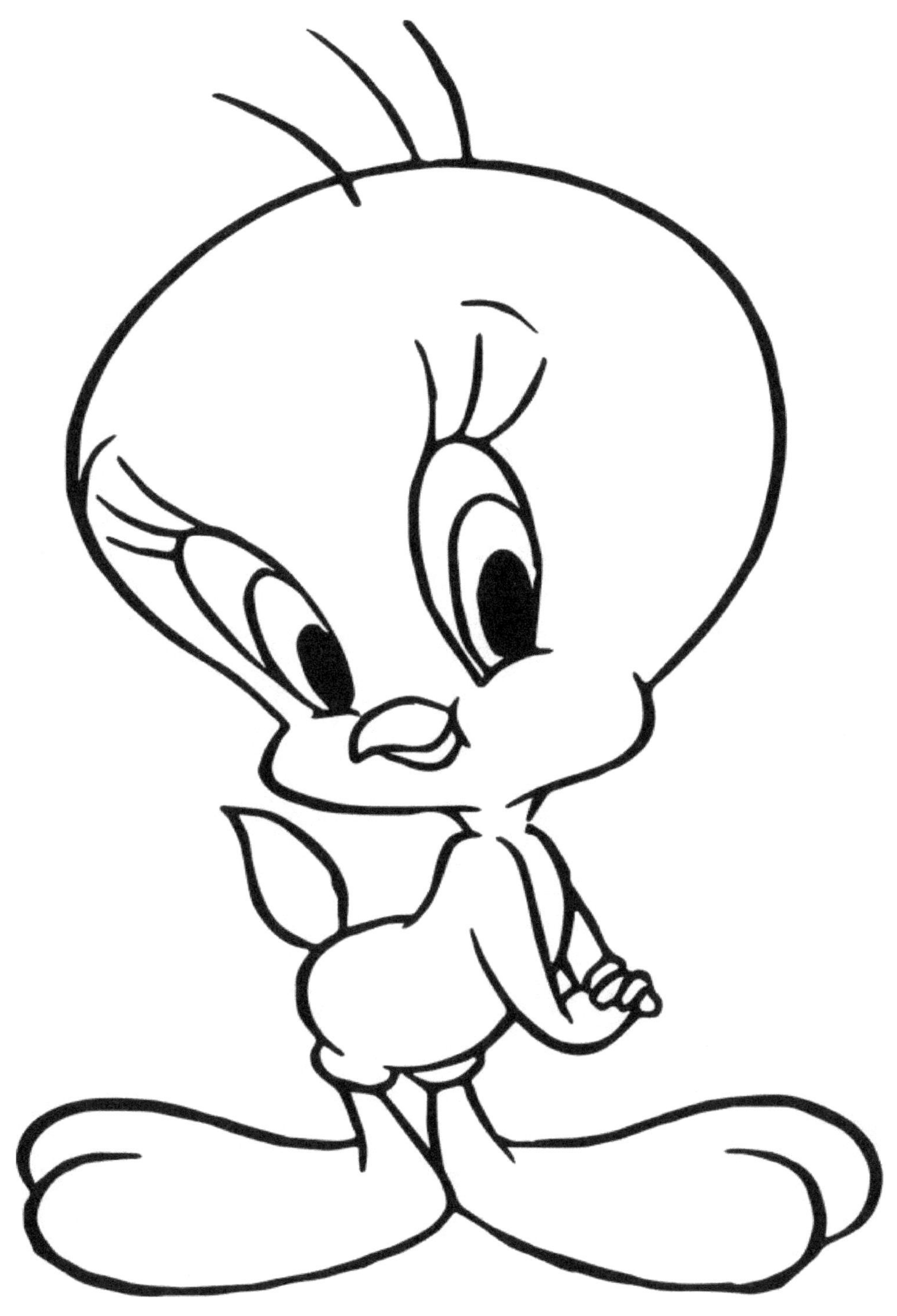

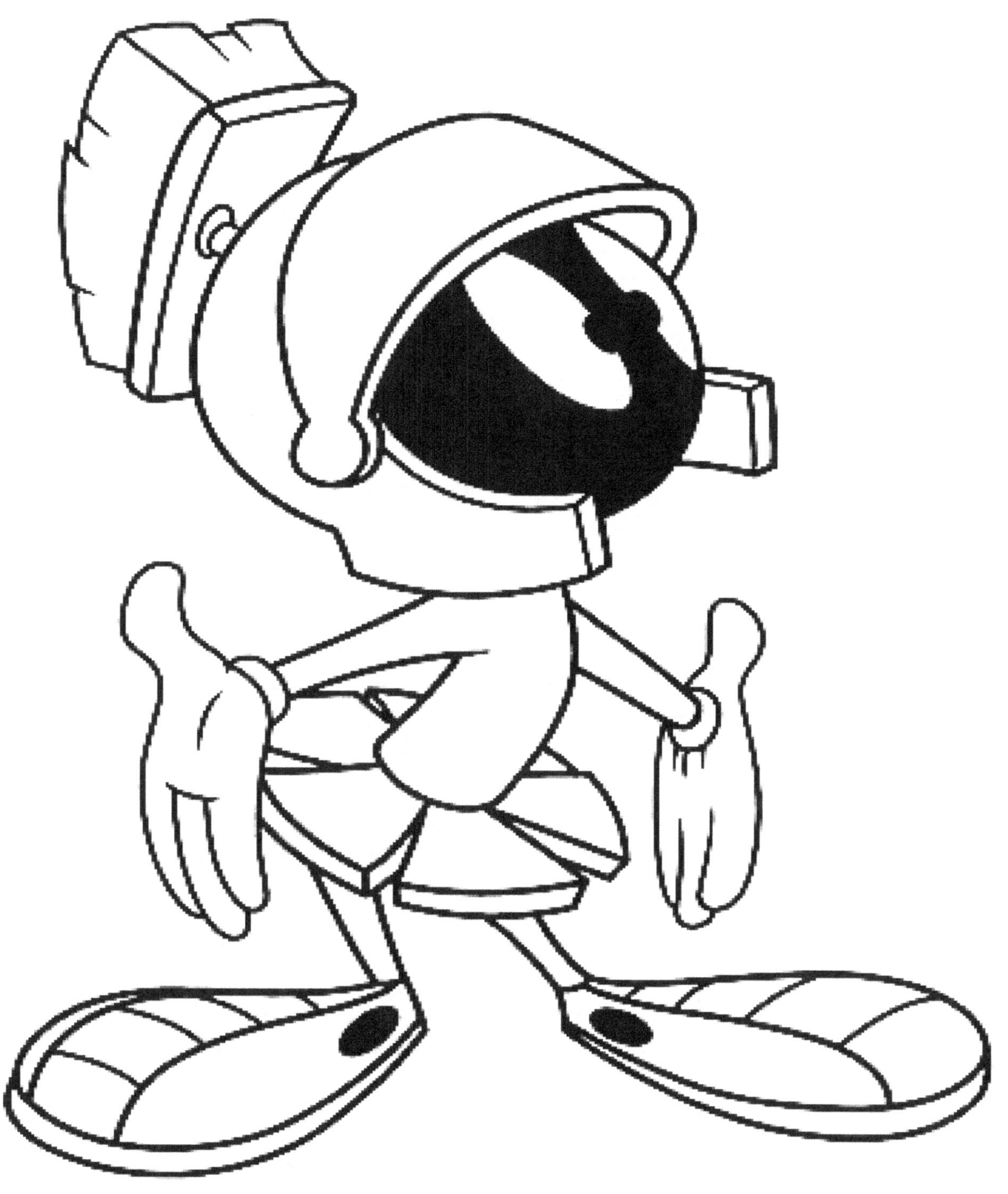

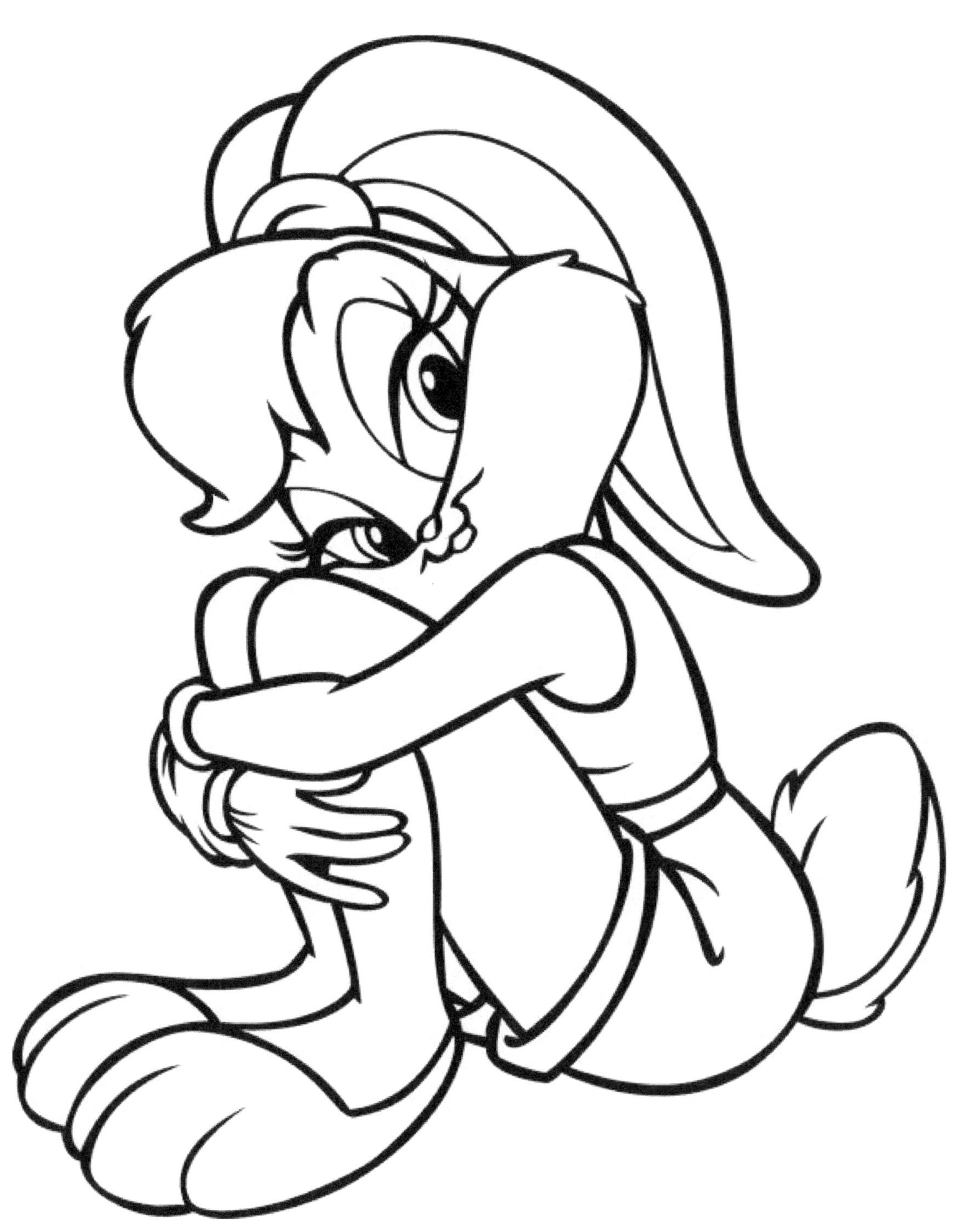

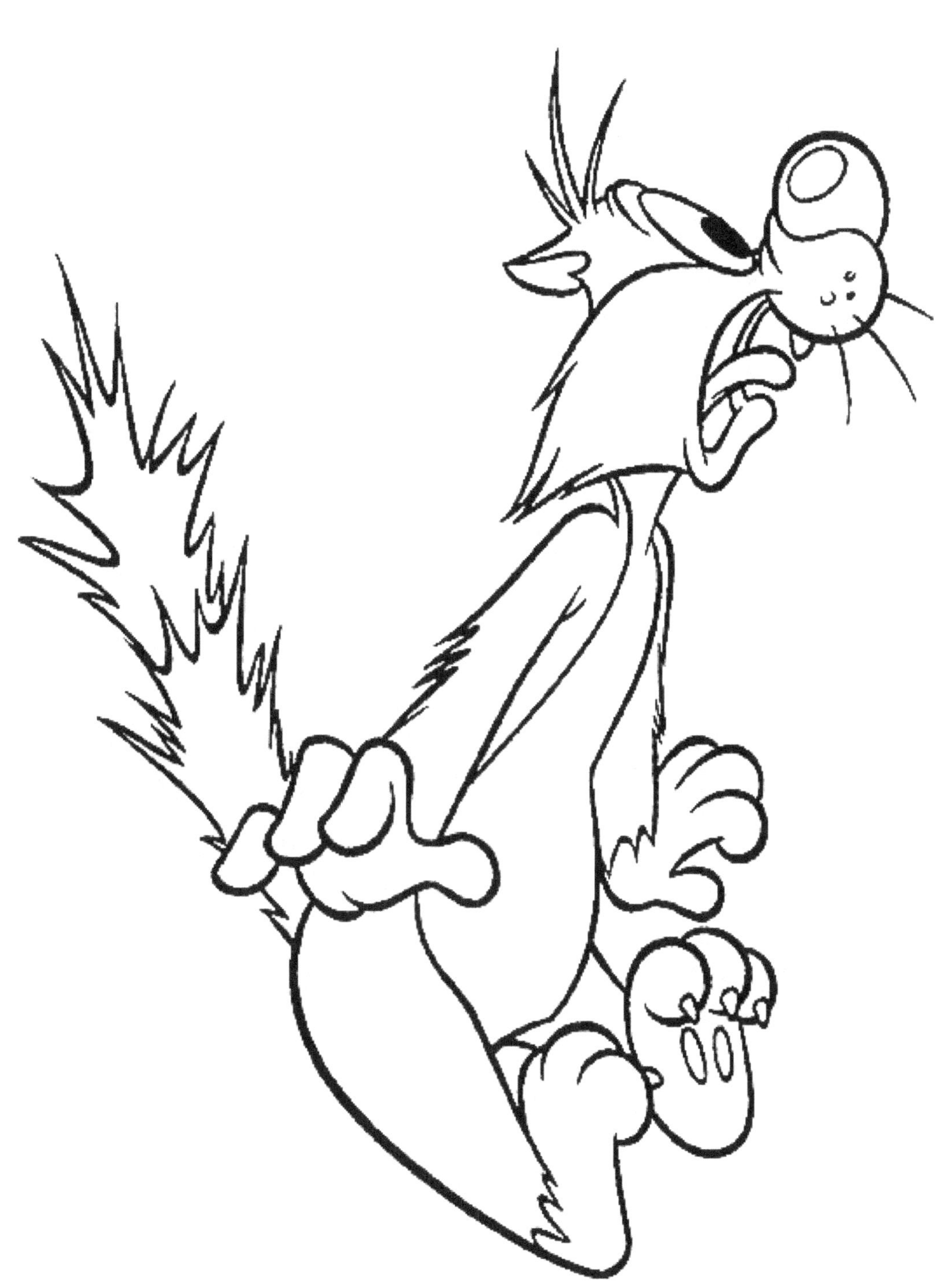

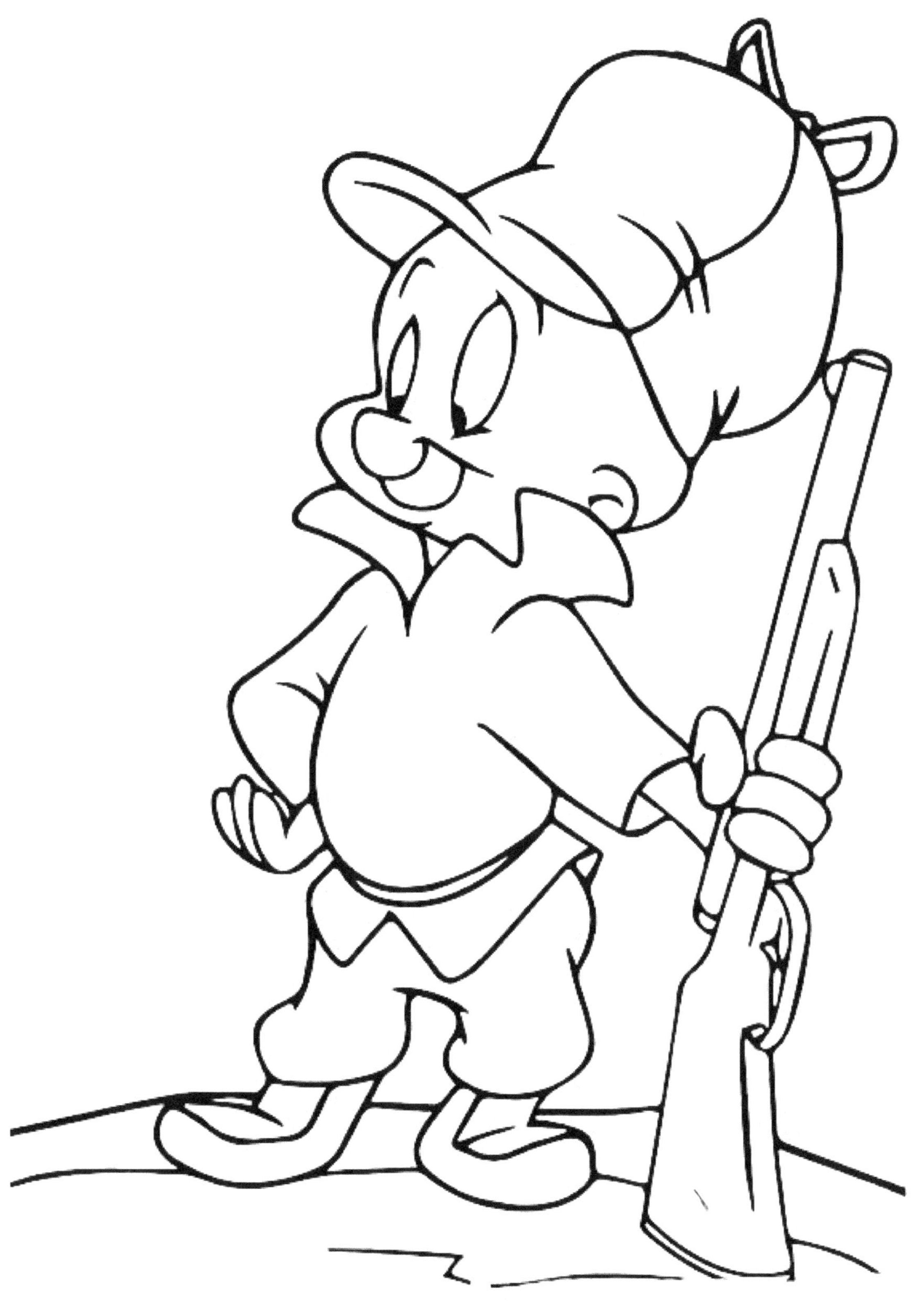

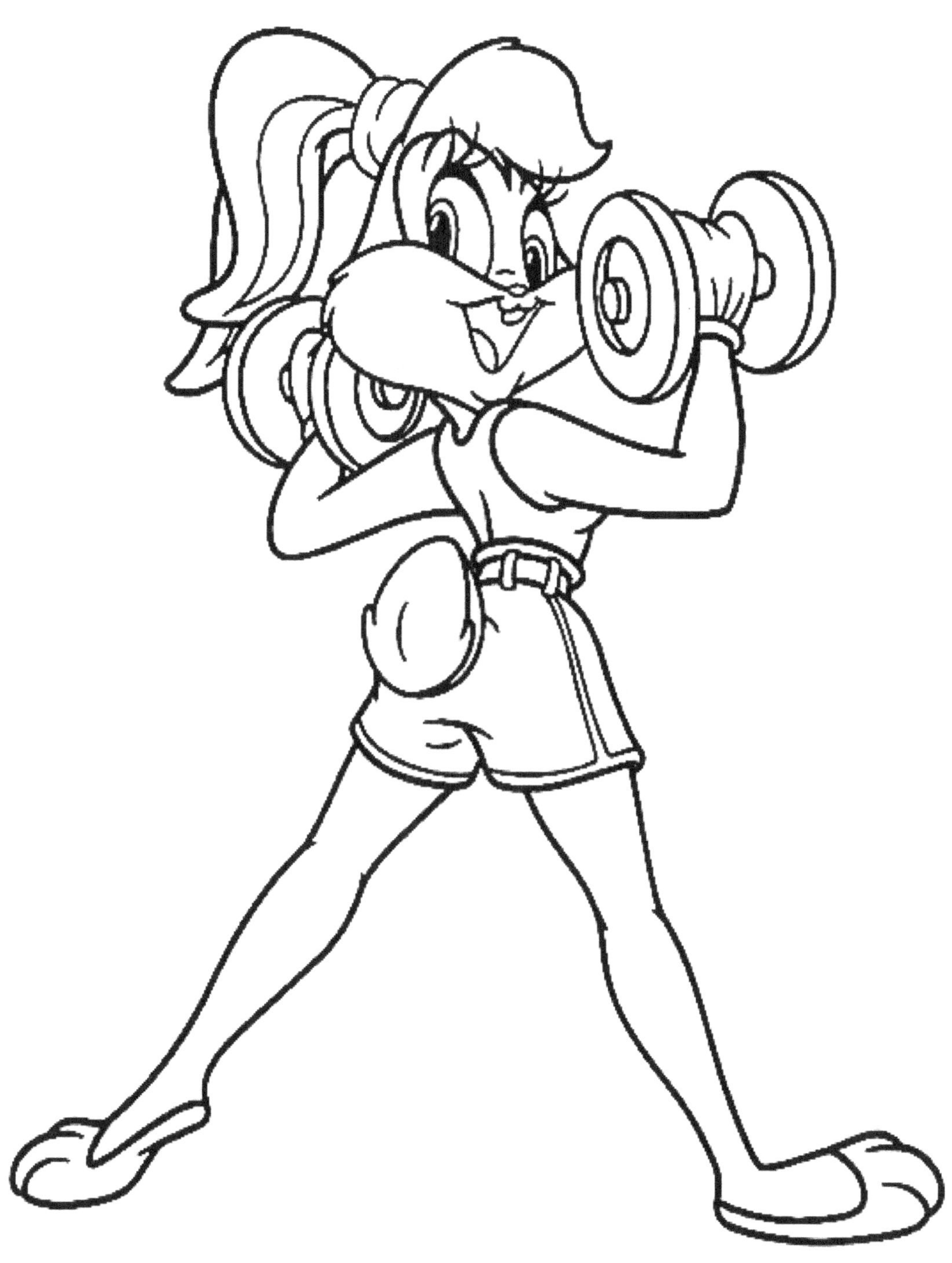

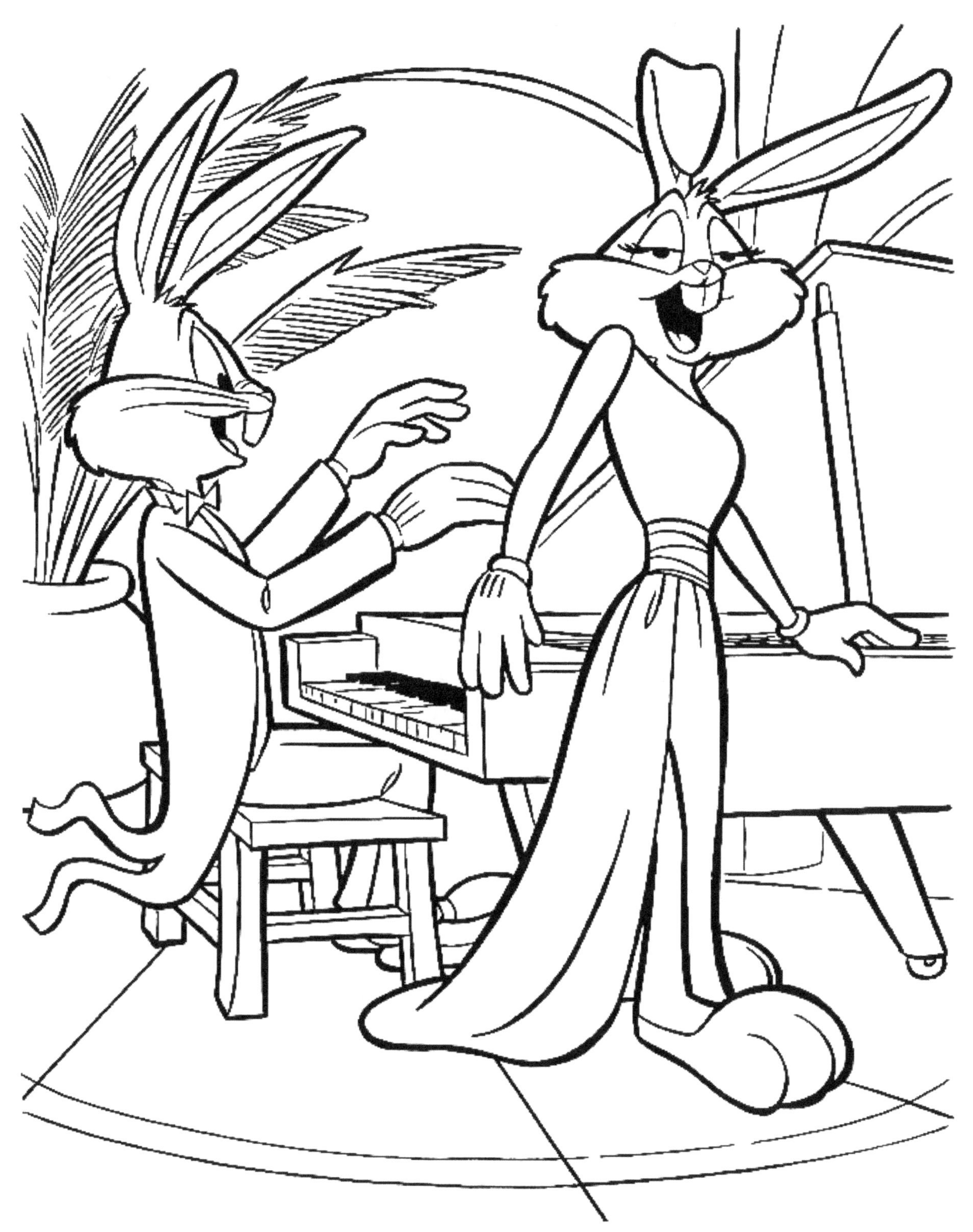

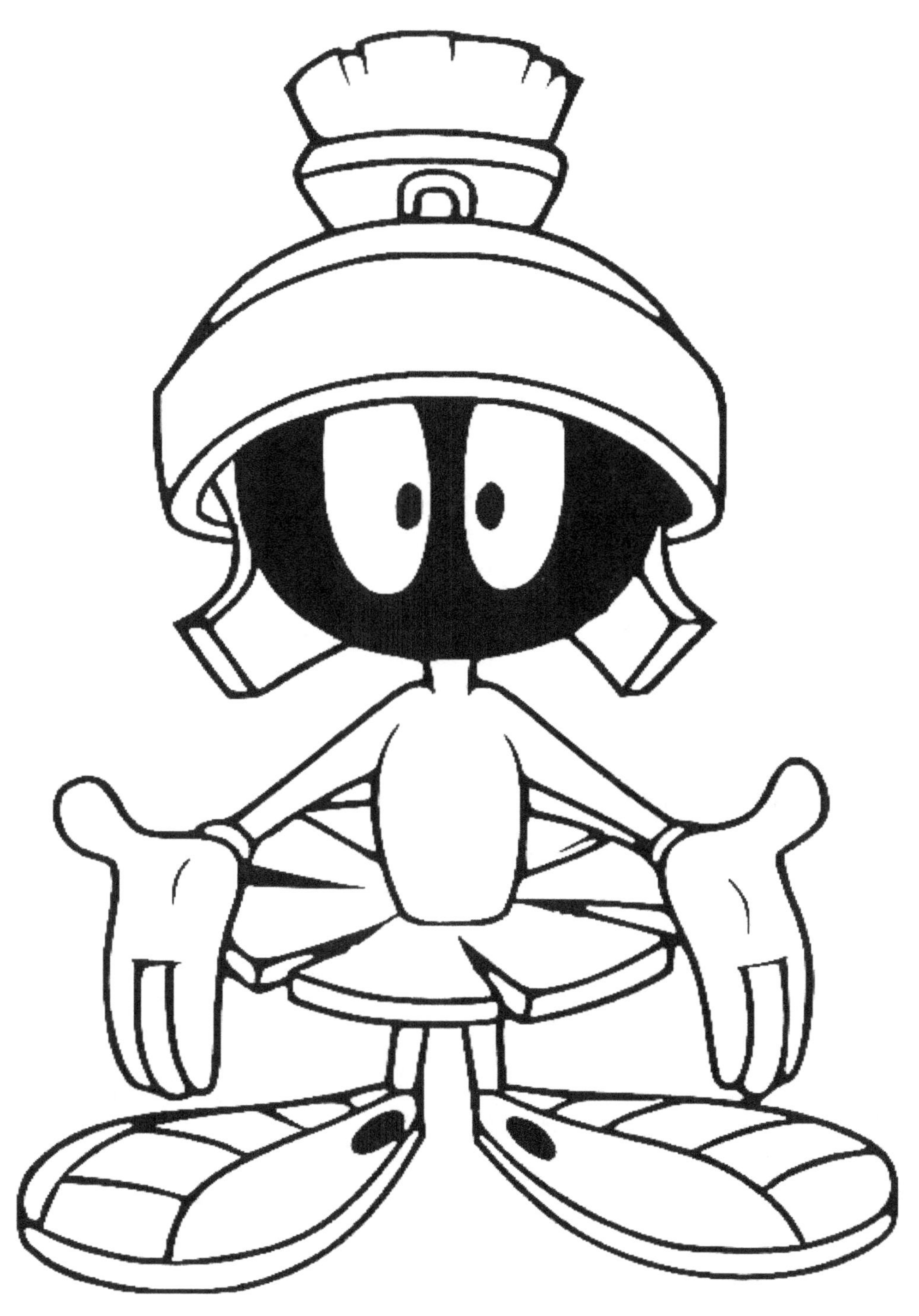

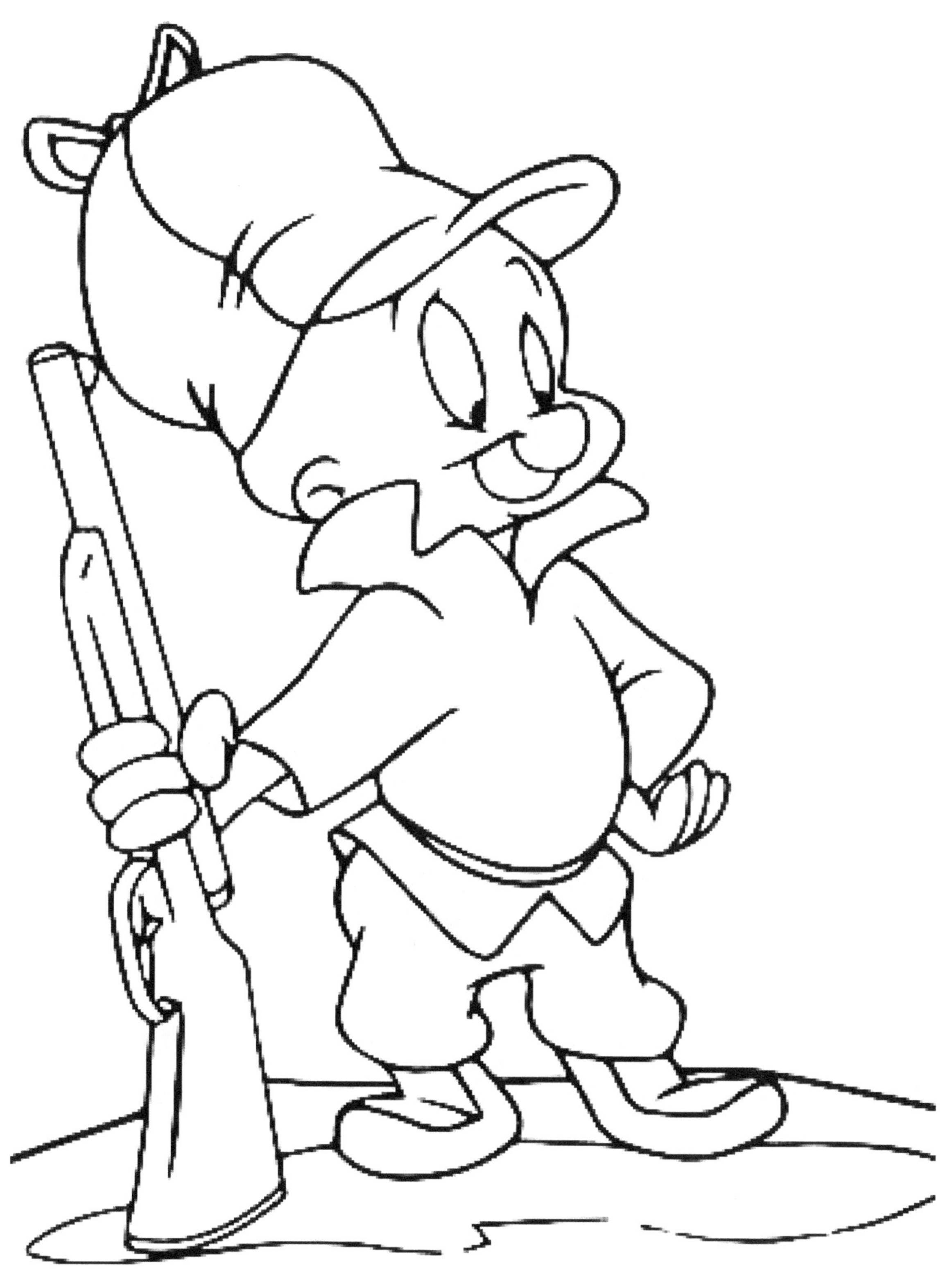

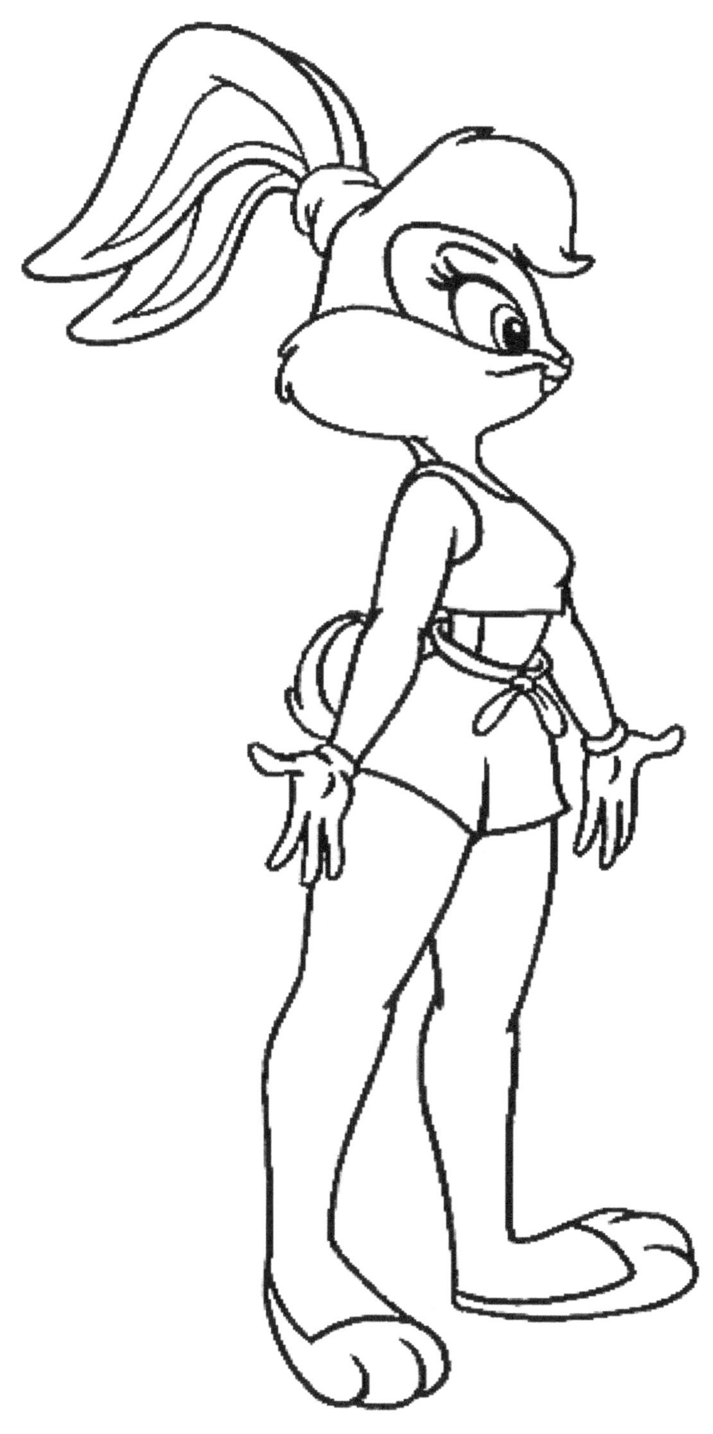

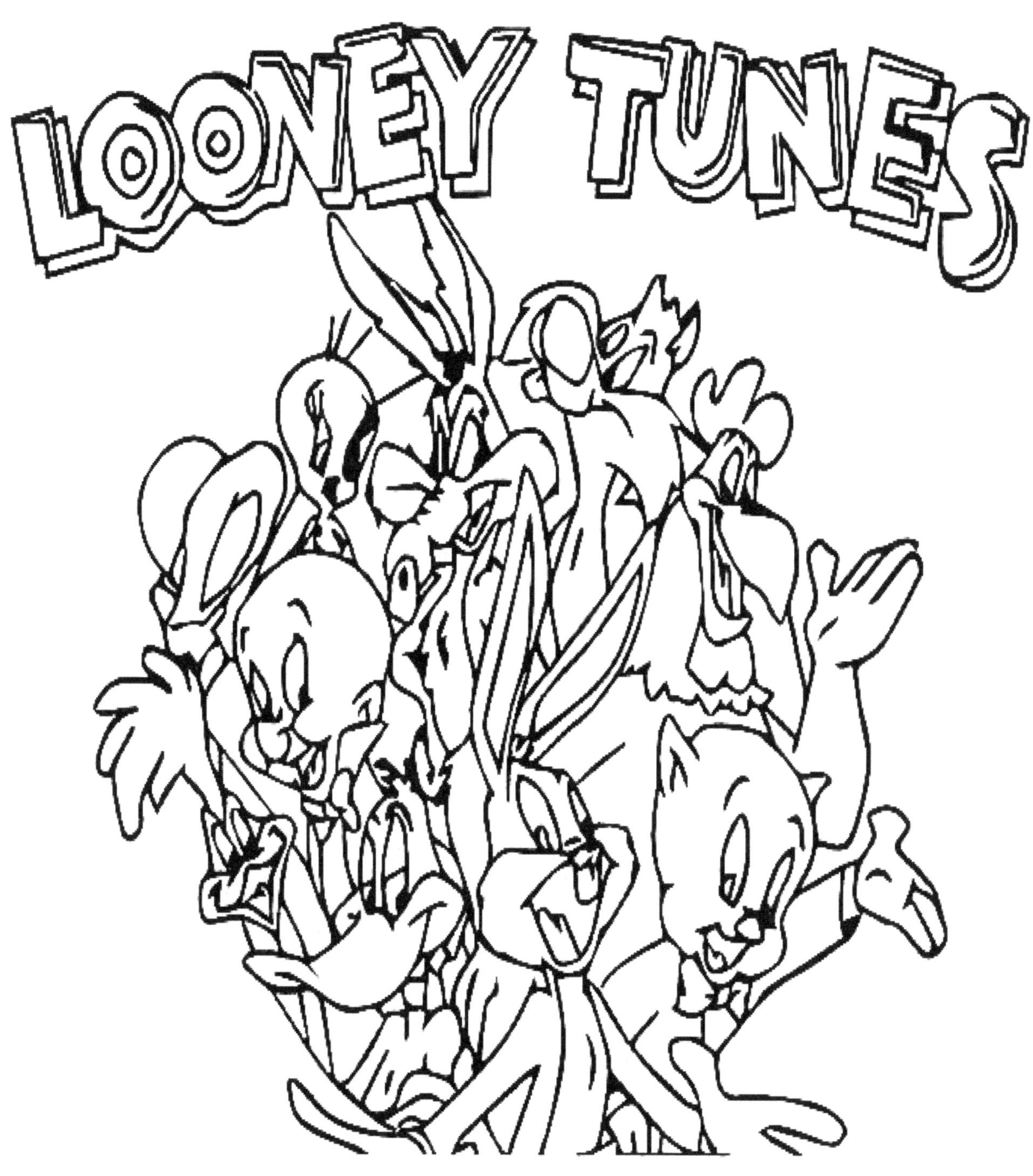

LOONEY TUNES

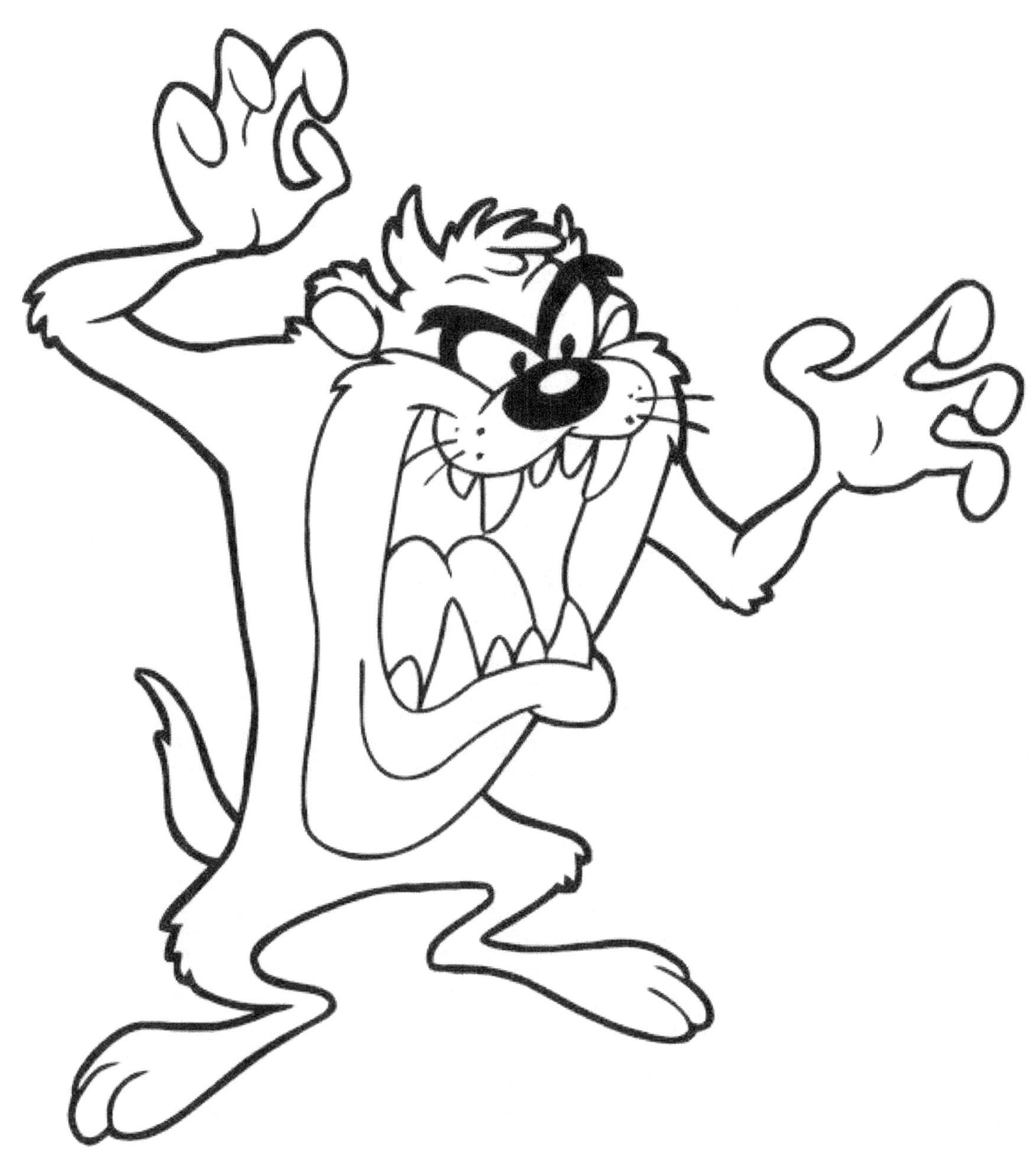

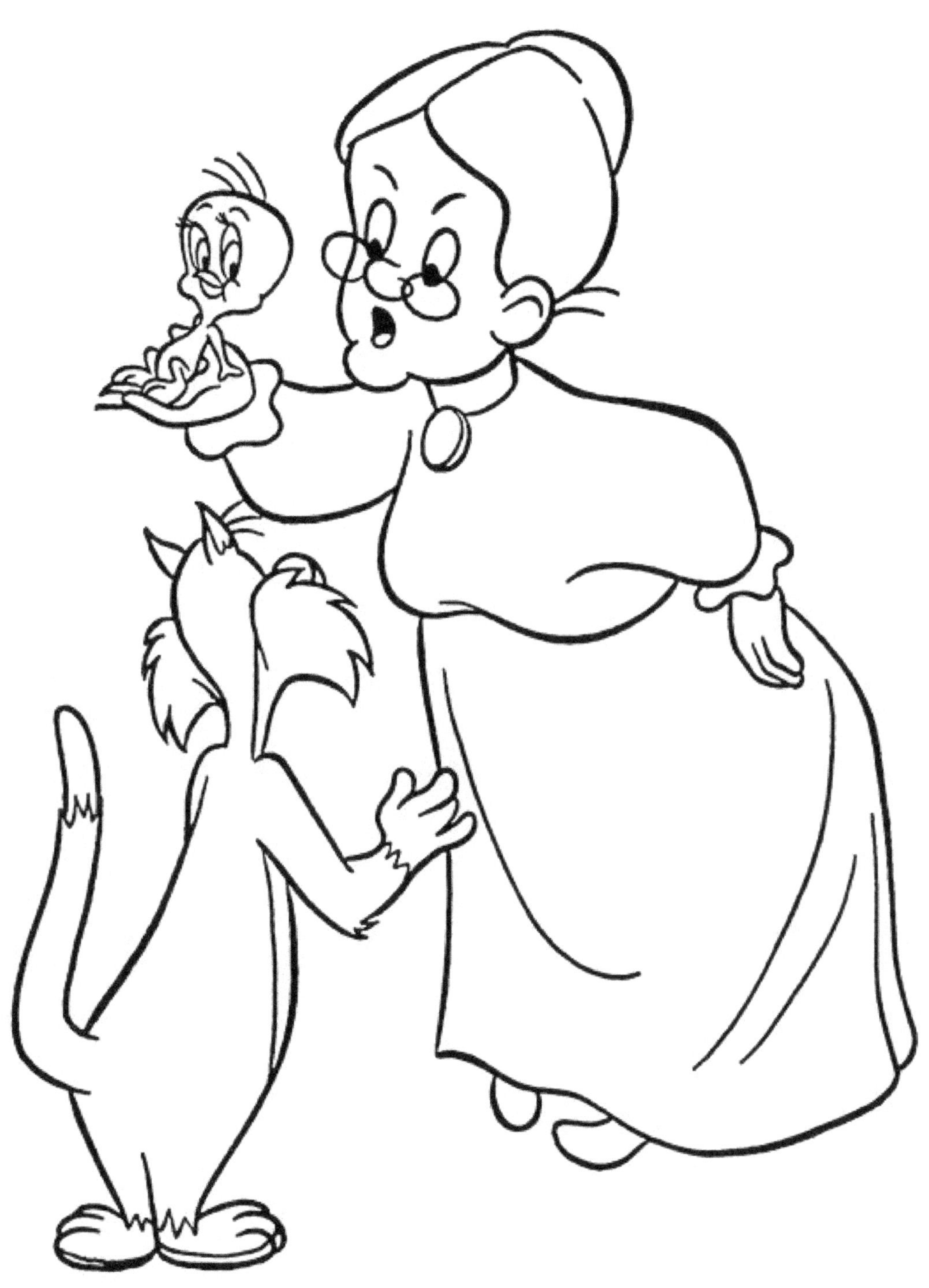

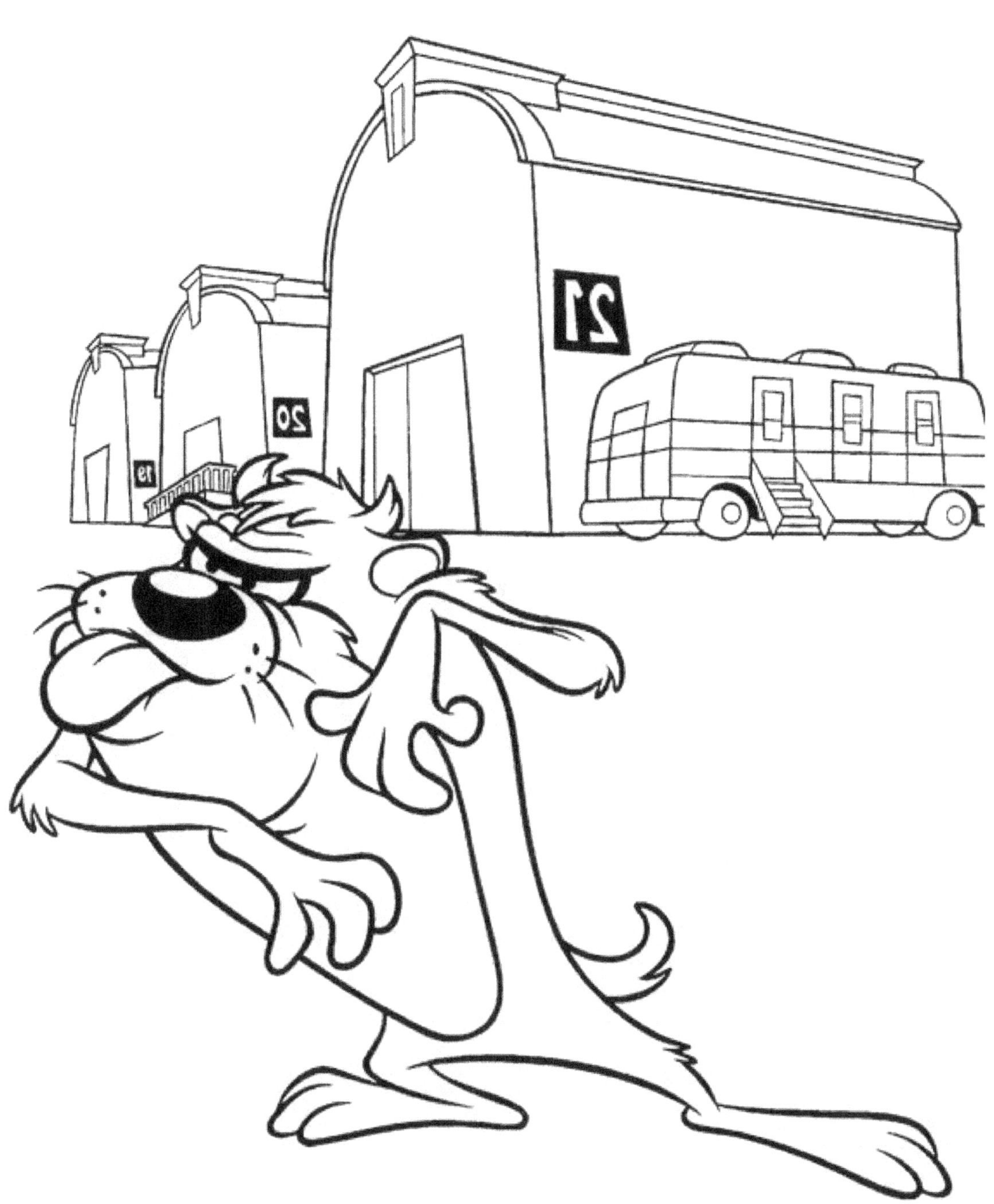

27
20
19

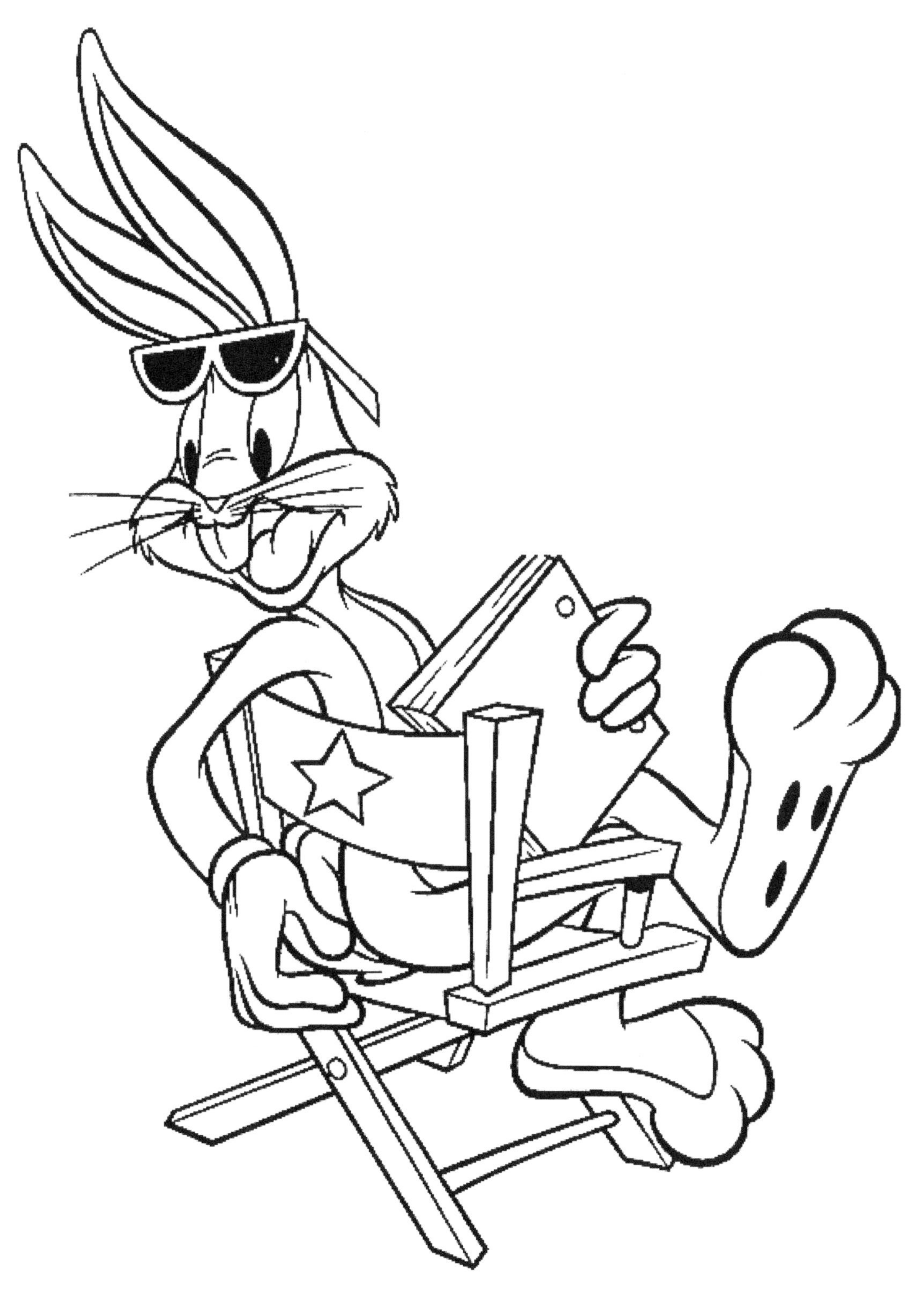

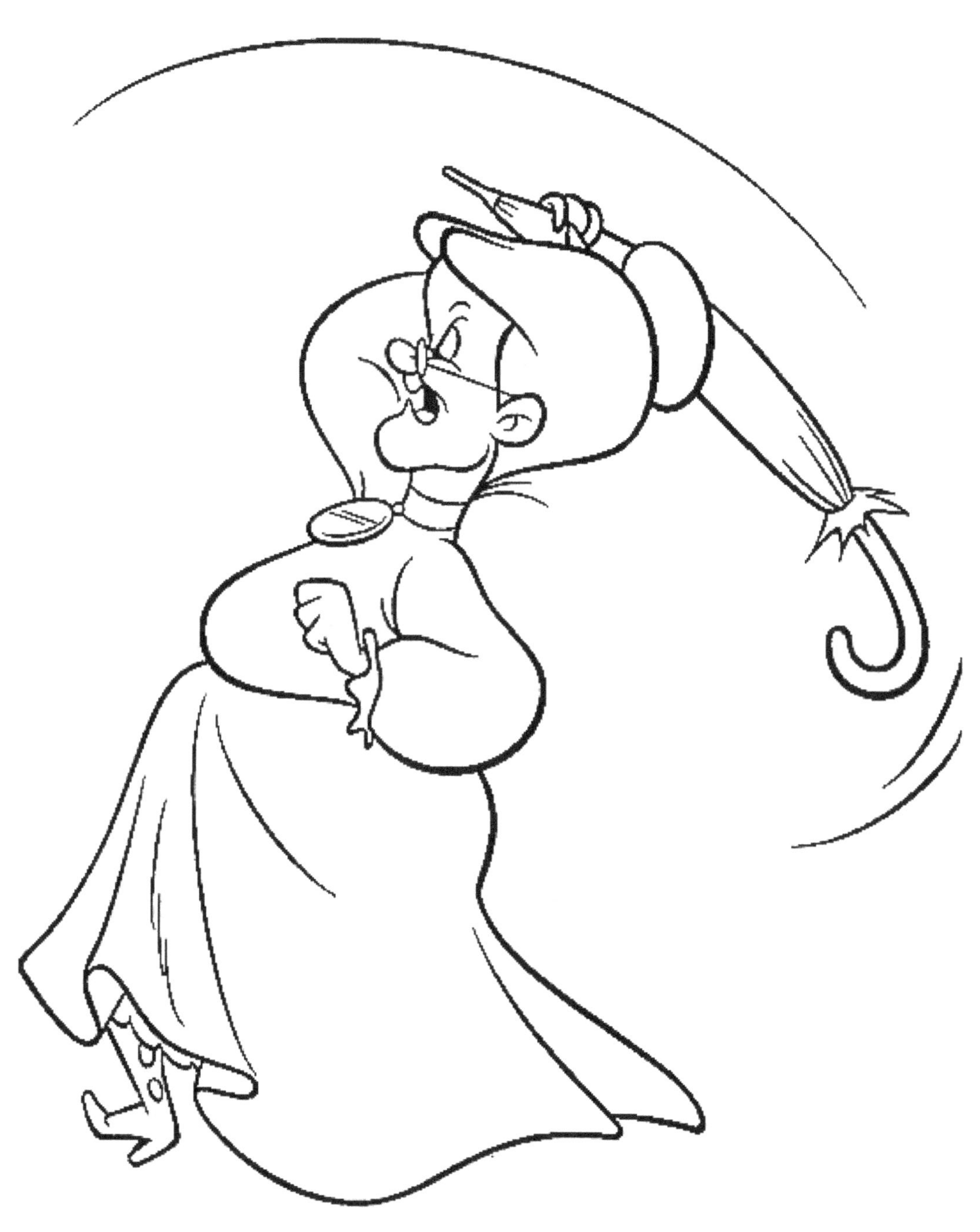

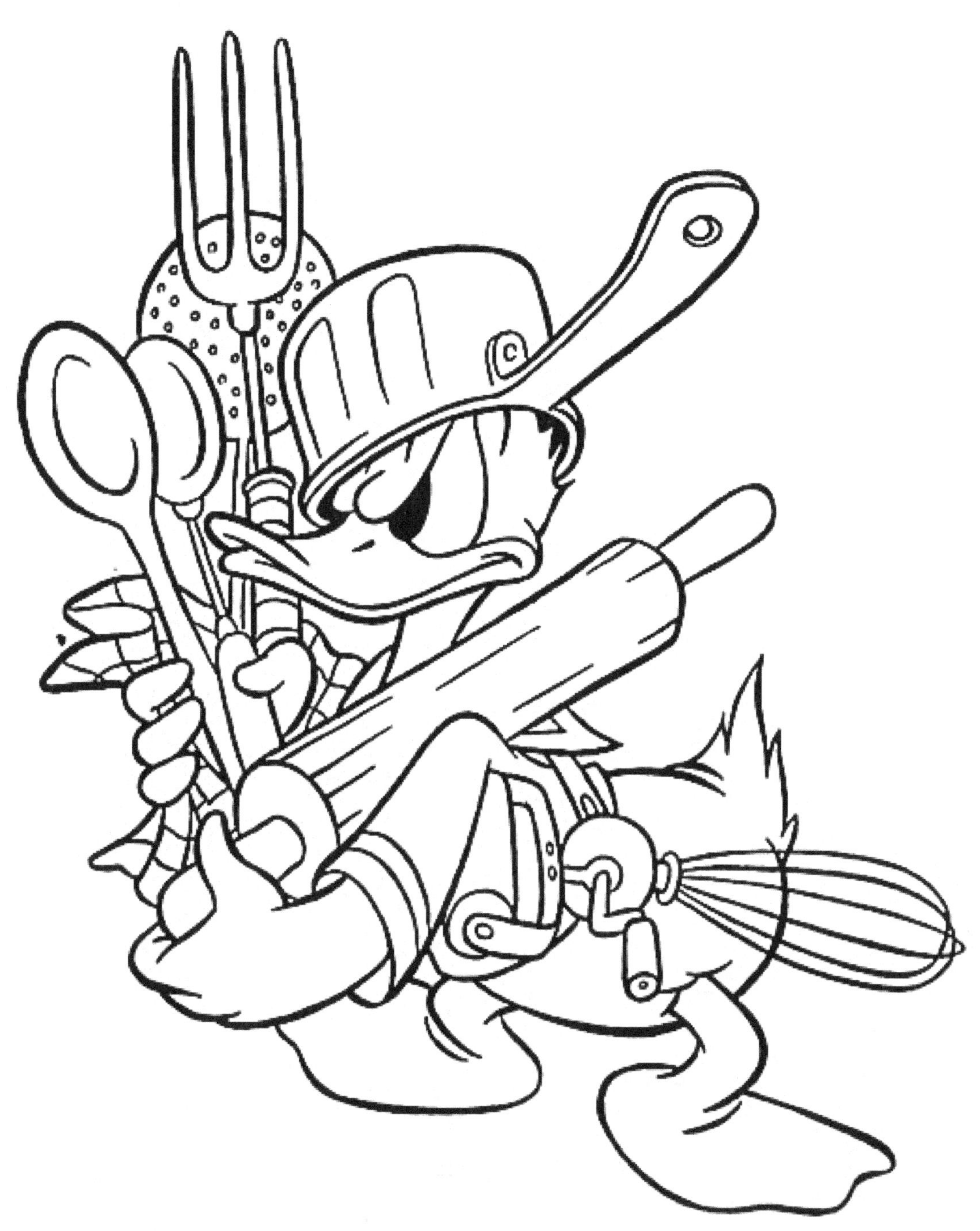

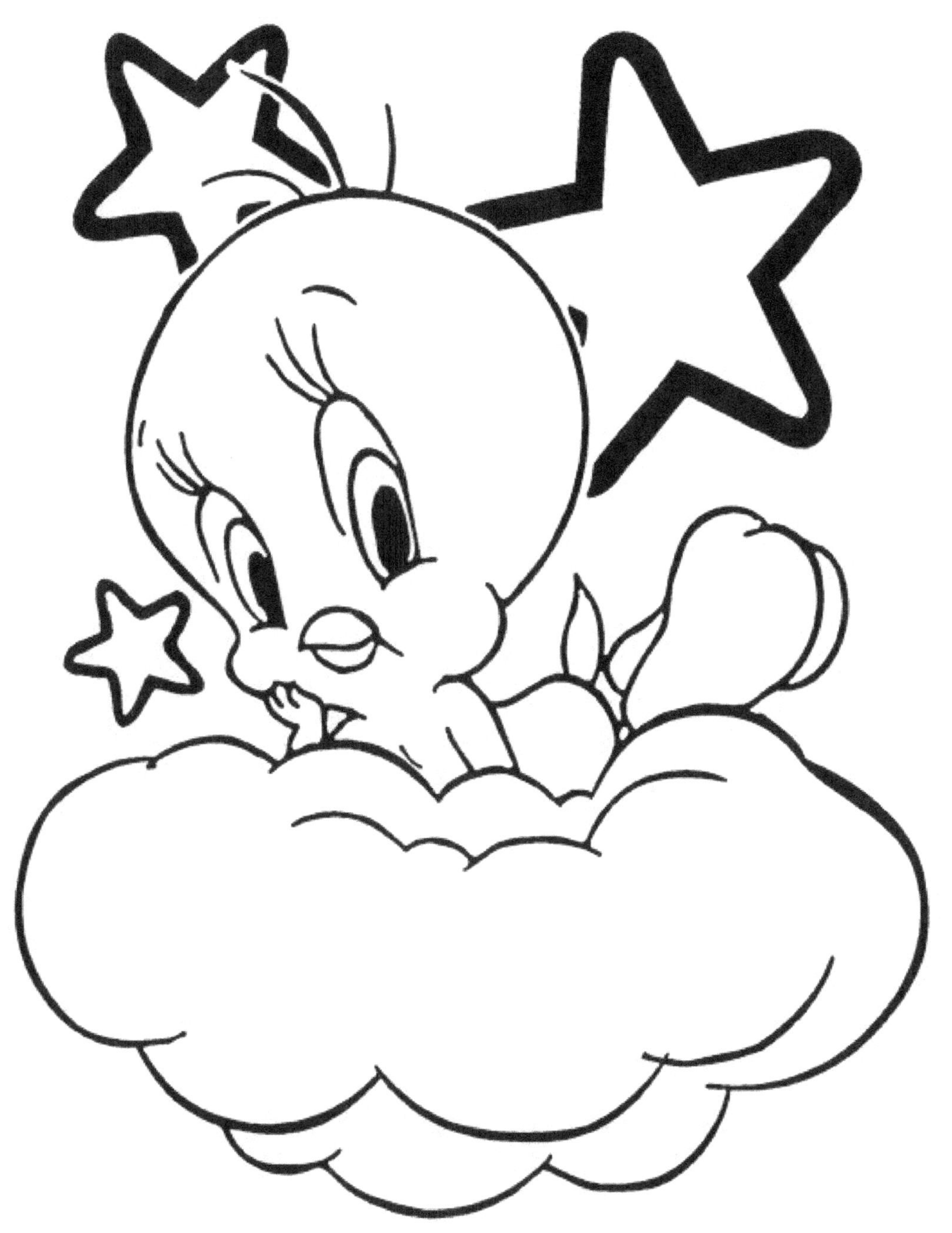

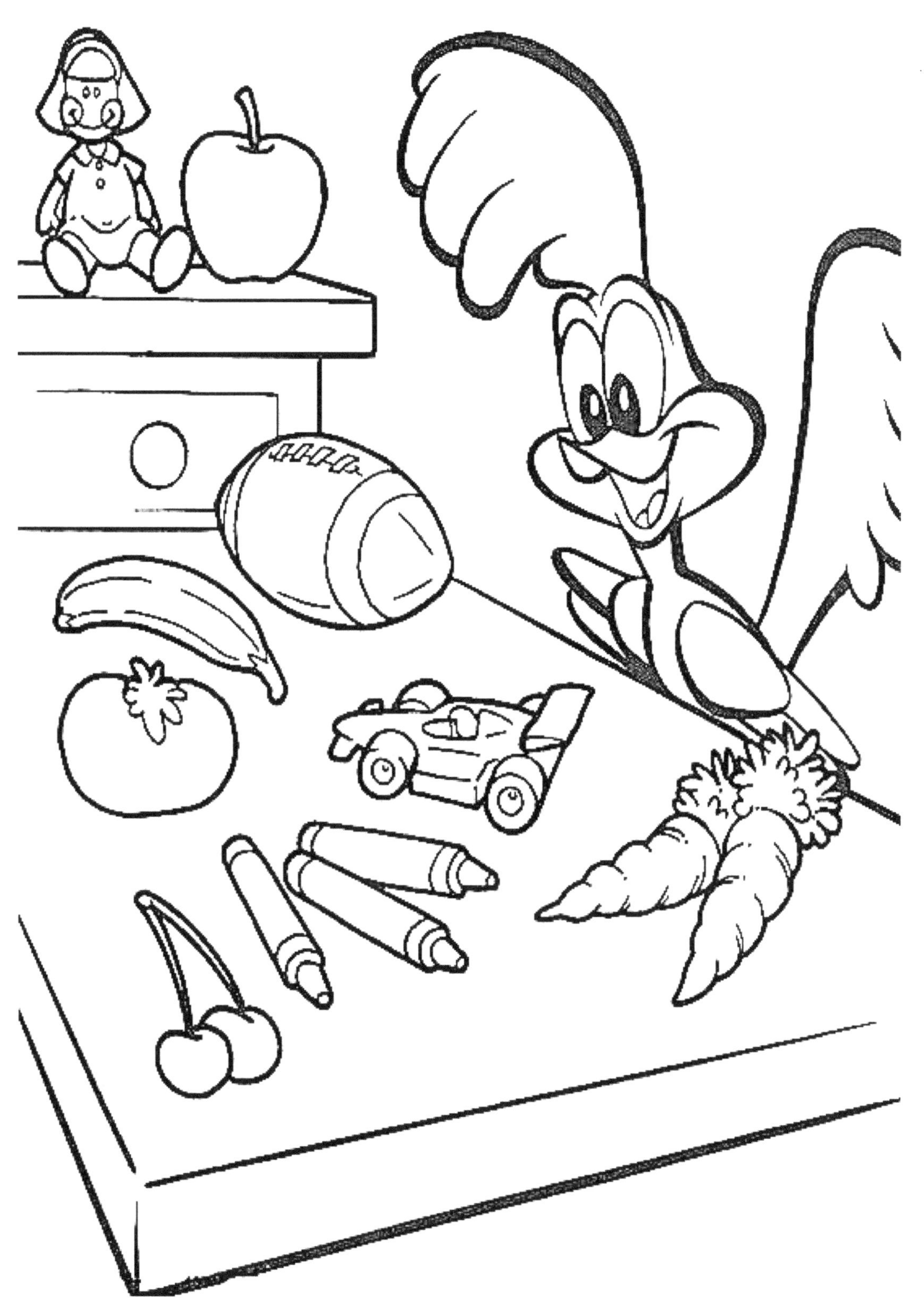

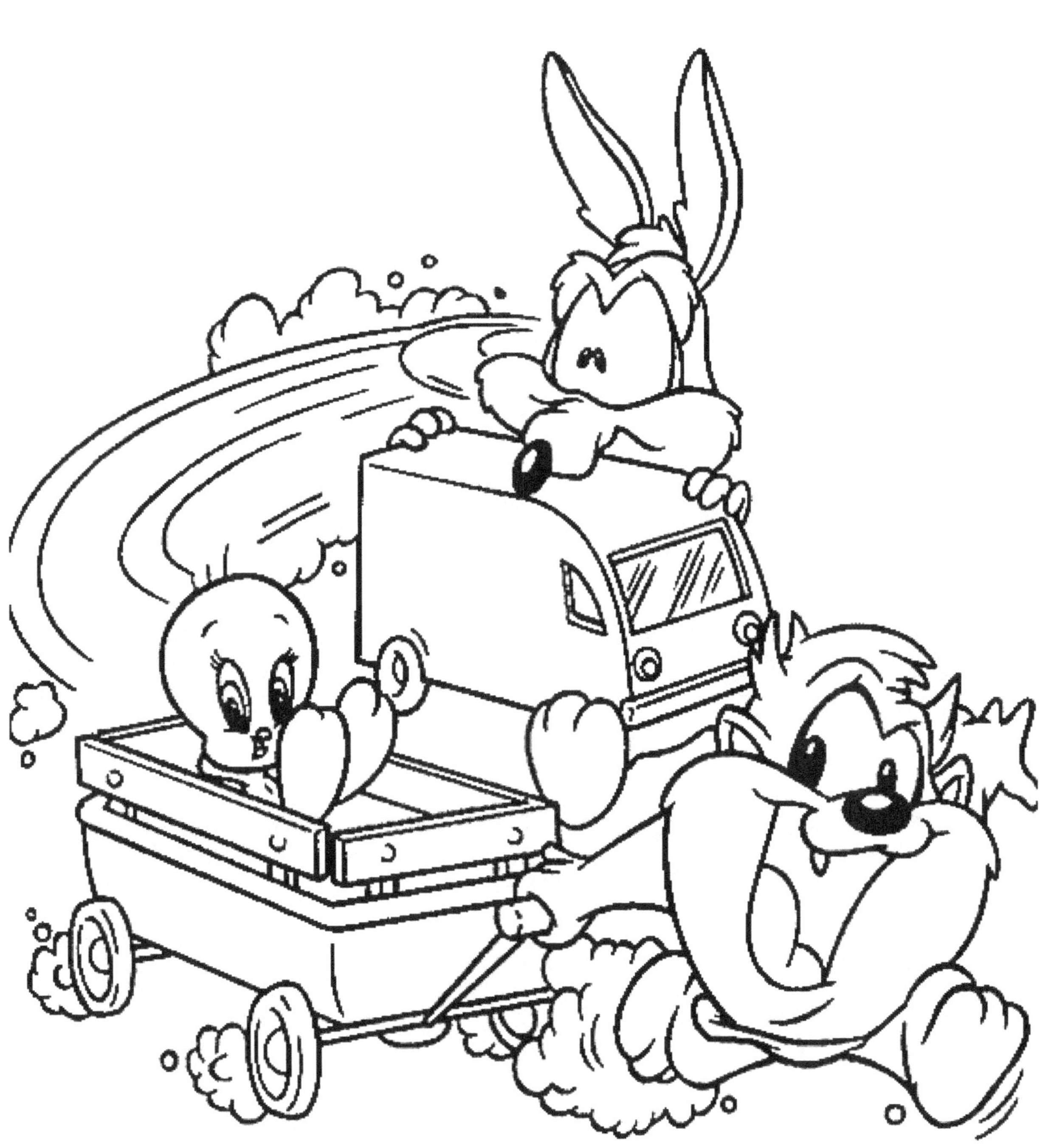

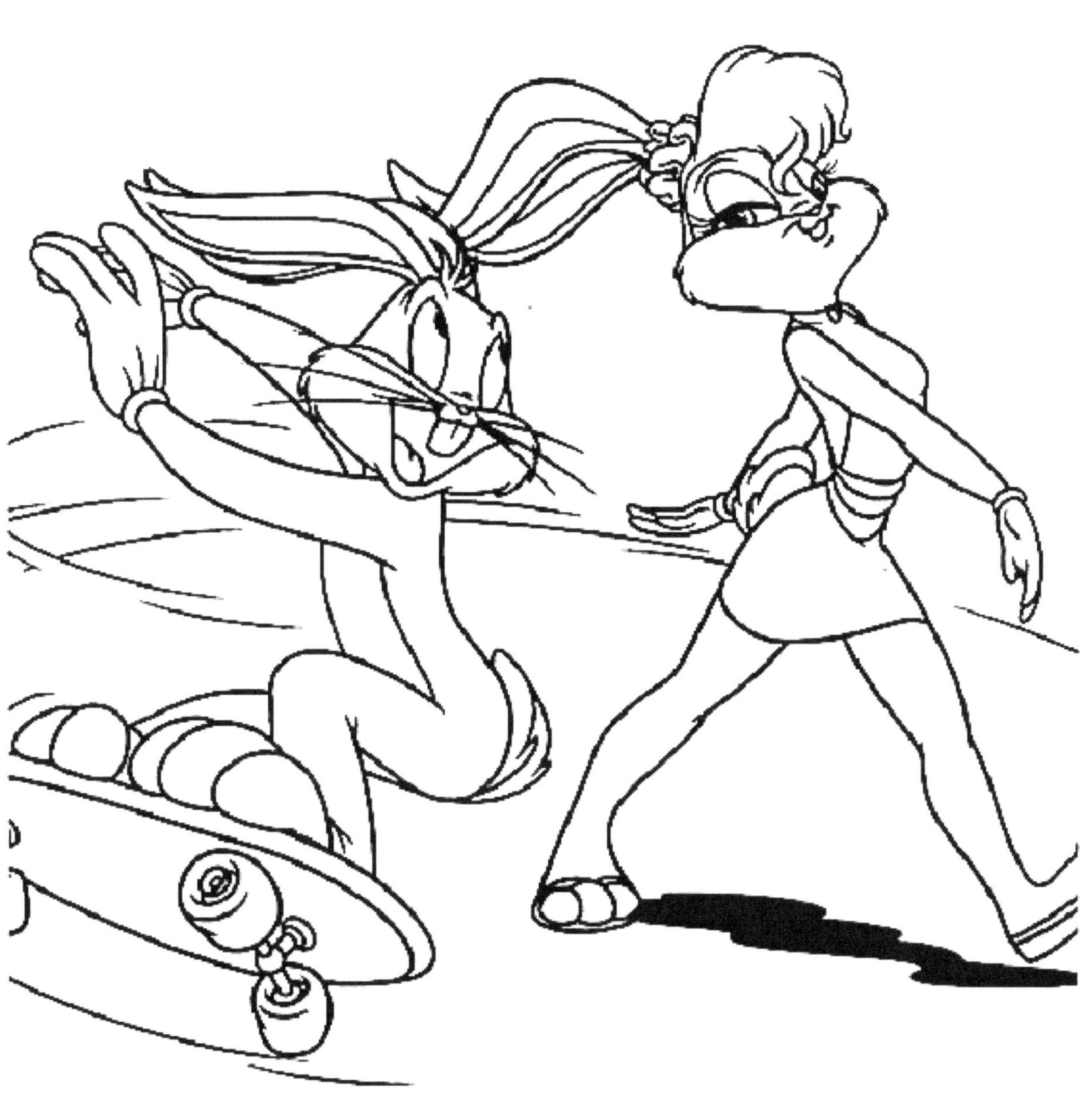

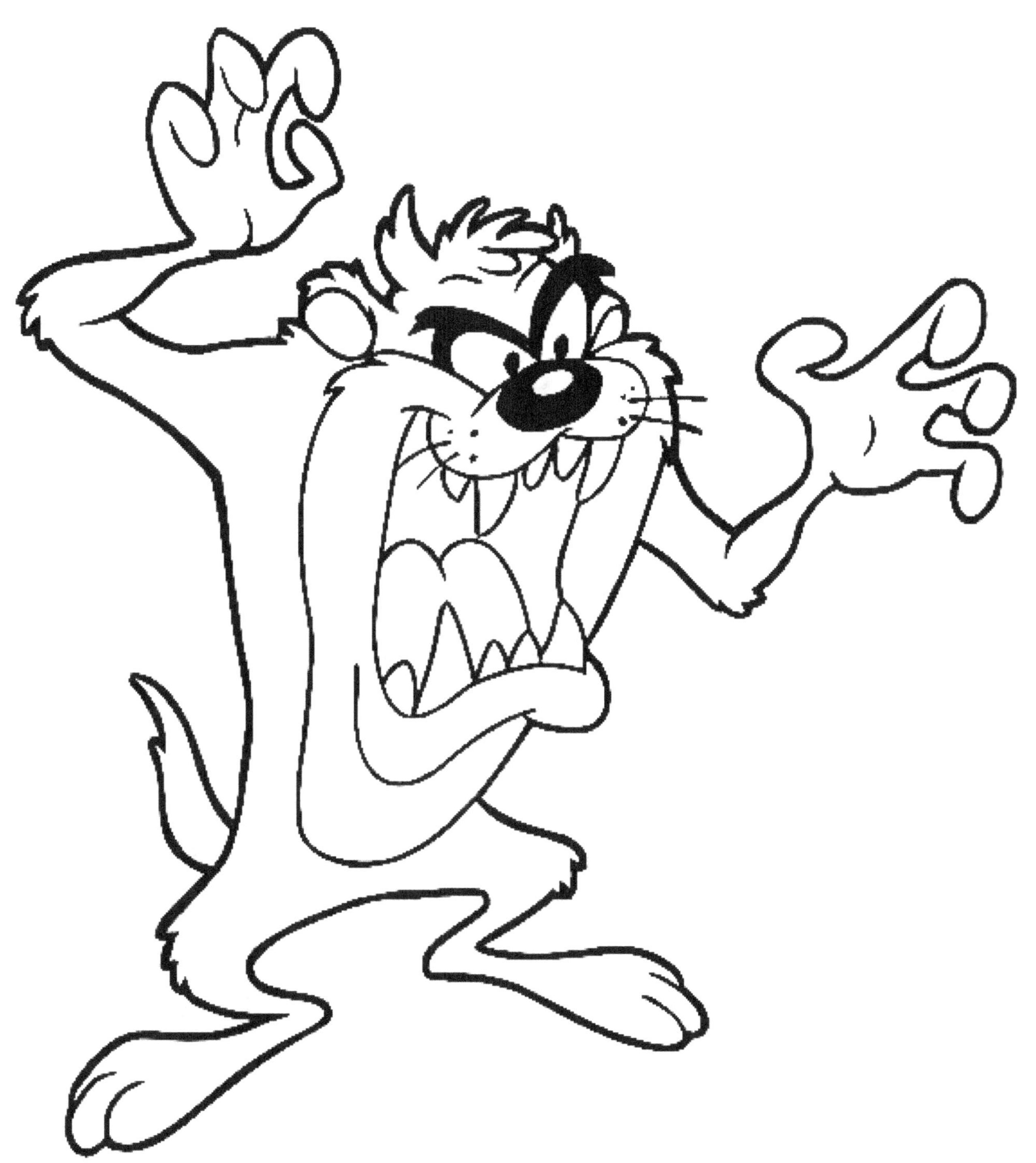

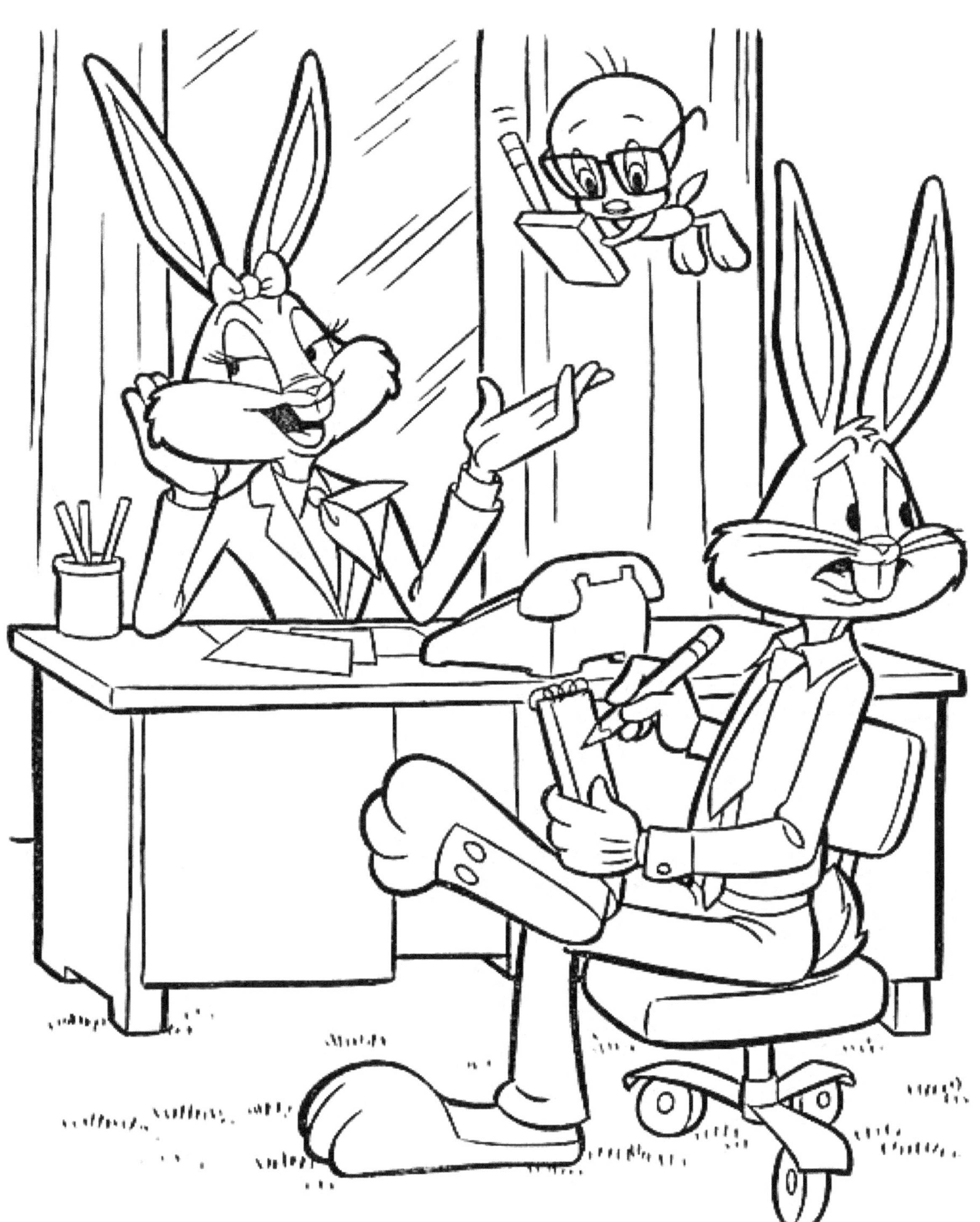

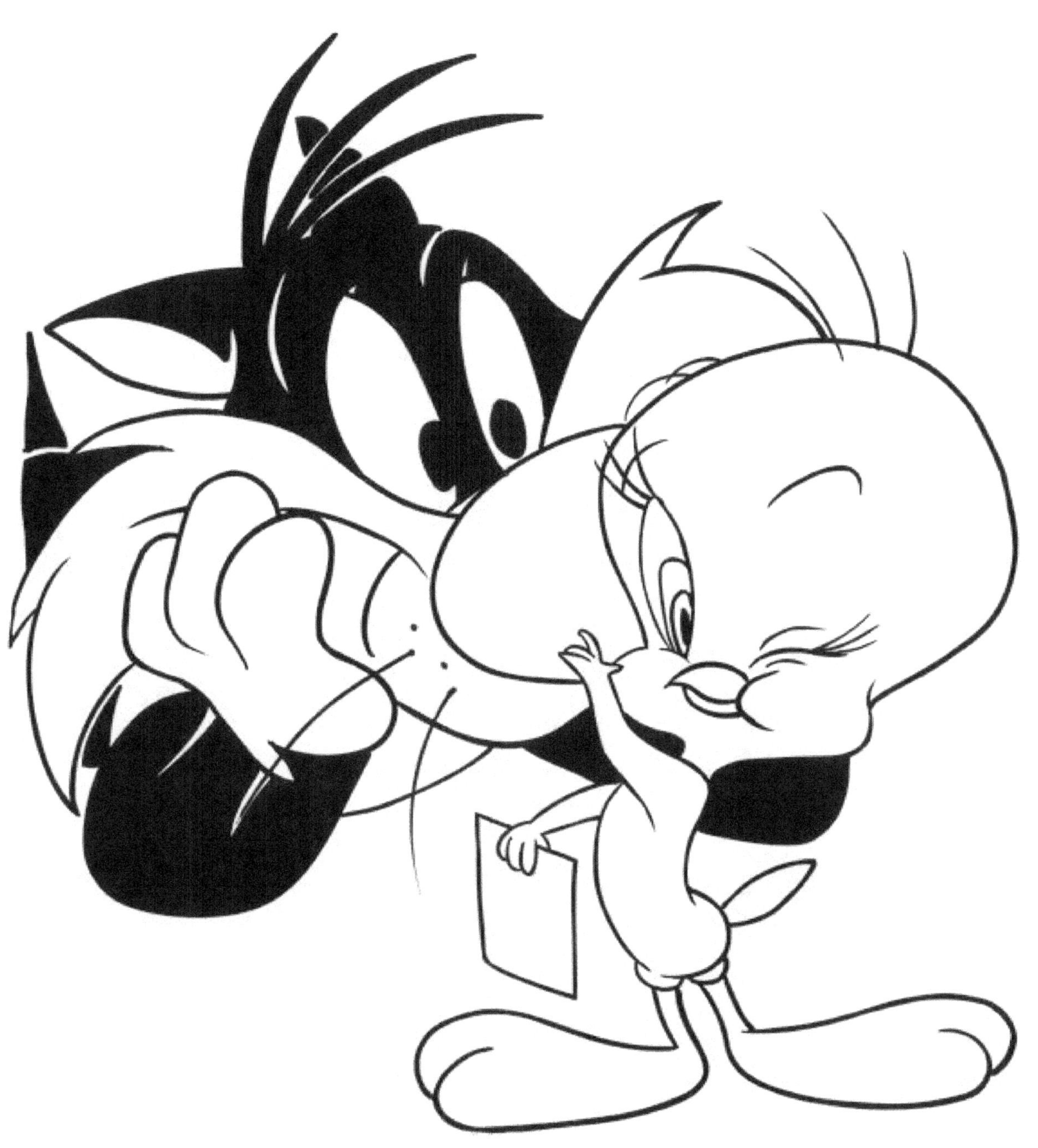

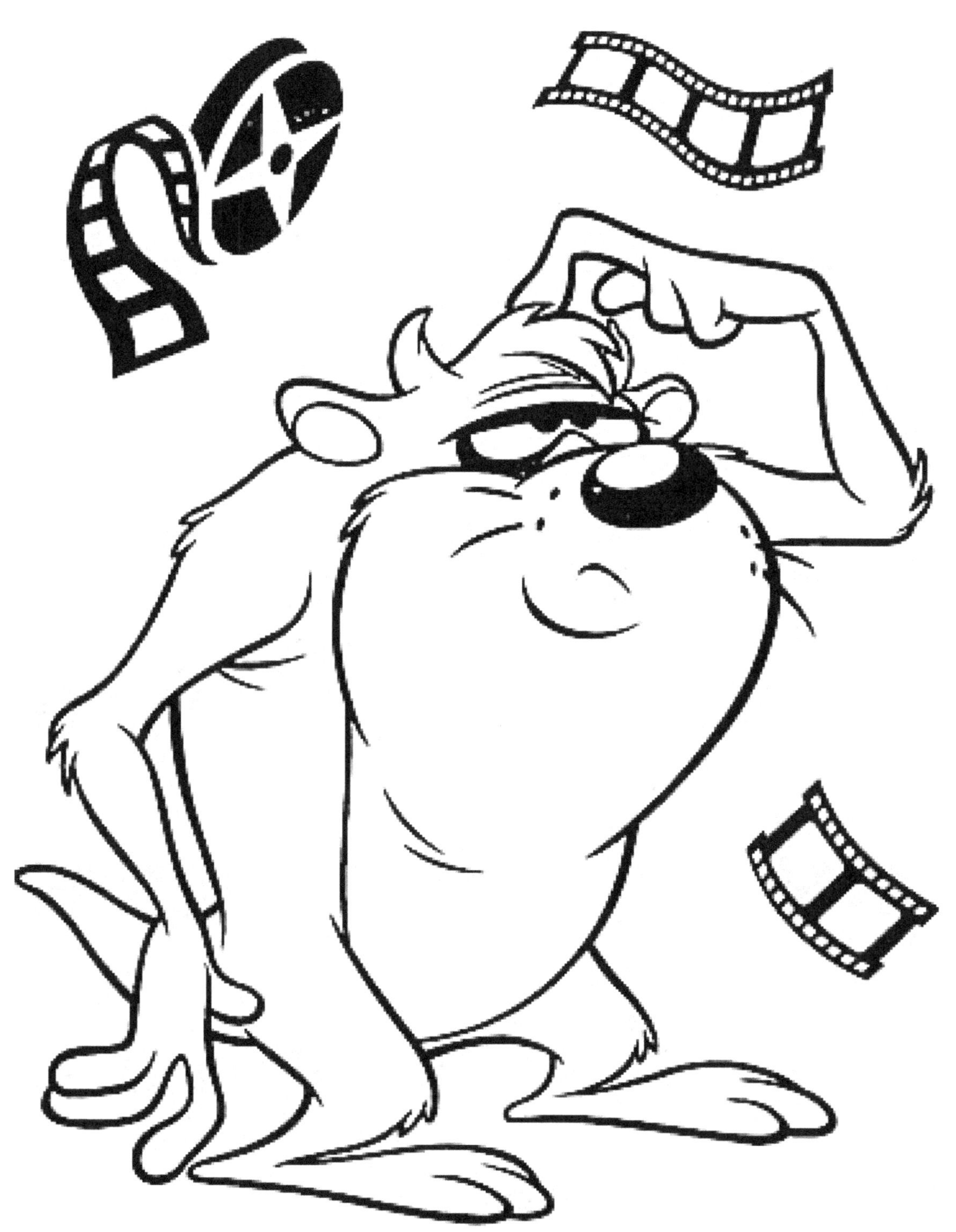

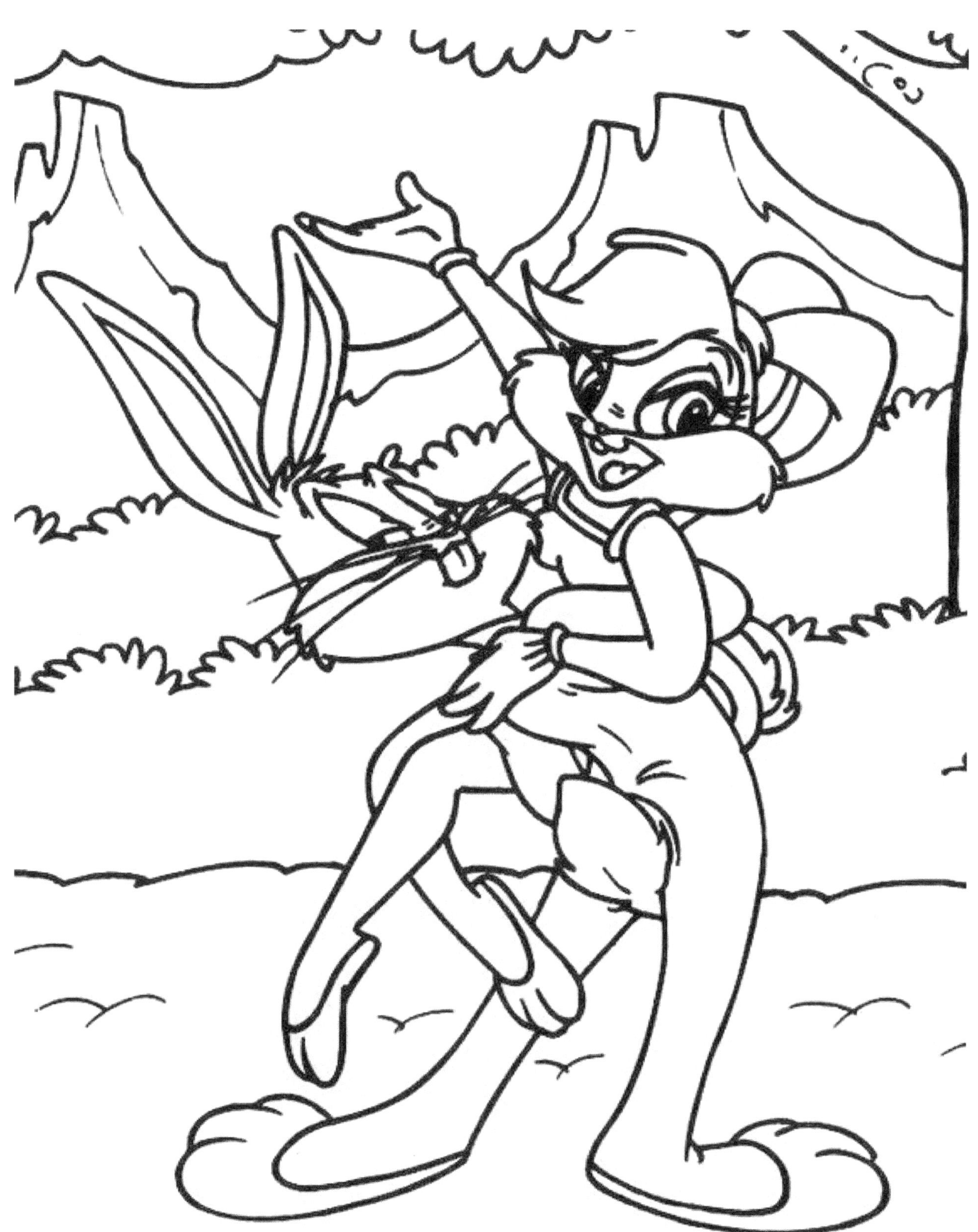

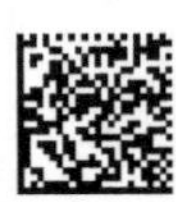